The 2nd China International Import Expo 2019

世界と共に発展していく

人民日報で読み解く
第2回 中国国際輸入博覧会

人民日報国際部
日中交流研究所 編著

日本僑報社

目次

（撮影・林旭）

第三部

輸入博の盛況

第一部

輸入博の概況

輸入博について

China International Import Expo

中国国際輸入博覧会（輸入博）は、プランニングからブース設計まで、習近平国家主席自らが携わった世界初の輸入をテーマにした国家レベルの展示会である。国際貿易発展の歴史における大きな革新であり、外国側から中国開放の一大「創挙」（先駆的取り組み）と呼ばれた。これは、中国の多国間貿易システムと自由貿易の推進を支持する一貫した立場とみなされ、さらに開放型世界経済を促進し、経済のグローバリゼーションを支持する中国の実践的な行動となった。

二〇一八年十一月五〜十日、第一回中国国際輸入博覧会が上海で上海で開催され、成功を収めた。その実績は以下の三点に要約される。まずは、規模の大きさである。展示面積は合計三十万平方メートル（うち三万平方メートルは国家展）で、百七十二の国・地域・国際機関が参加し、三千六百十七社の海外企業が出展した。次は、レベルの高さである。出展企業のうち、世界五百強及び業界の大手企業は二百二十社に達し、世界初公開の新製品・技術は三百件を上回った。最後に、効果の高さである。会期中、延べ八十万人以上の観客が来場し、すべての展示分野で契約が結ばれ、成約総額は五百七十八億ドルに上った。第一回輸入博は国際社会から注目を集め、高く評価された。

第二回中国国際輸入博覧会は二〇一九年十一月五～十日に上海で開催された。中国国際輸入博覧局によると、第二回輸入博の実績は第一回を大きく上回り、七千人以上の海外バイヤーを含めた専門家の登録数が五十万人を超え、バイヤーの国際化と専門性がさらに向上した。中国国内企業の三二％が製造業から、二五％が卸売および小売業からのものである。取り引きの成果は実り多く、一年単位で計算すると、成約総額は七百十一億三千万米ドルで、第一回より二三％増加した。

現在、第三回輸入博の企業展示会にエントリーした企業は二百三十社を超え、展示面積は八万四千平方メートルを上回る。そのうち世界五百強及び業界の大手企業は八十社以上に上り、展示面積は五万平方メートル以上を占めている。

データで見る第二回輸入博

国家展

展示面積…三万平方メートル

六十四カ国（中国を含む）と三つの国際組織が出展。うち二十四カ国が初めて出展。

主賓国は第一回の十二カ国から今年の十五カ国に増加。

企業展

展示面積…三十三万平方メートル

発表される新製品、新技術の数は第一回を上回る。

国別企業展示面積トップ三は米国、日本、ドイツ。うち、出展する米国企業の数は百九十二社と、第一回より一八％増えた。展示面積は合わせて四万七千五百平方メートル。

七大展示エリア

自動車展示エリア

テクノロジーライフ展示エリア

医療器械・医薬・健康関連展示エリア

設備展示エリア
快適な生活展示エリア
サービス貿易展示エリア
食品・農産品展示エリア

規模

展示総面積は三十六万平方メートルで、うち企業展が二十七万平方メートルから三十三万平方メートルに拡大した。

計百五十五の国と地域、二十六の国際組織が参加し、三千八百九十三社が企業展に参加している。参加する国、地域、国際組織、出展企業は第一回を上回る。

クオリティ

フォーチュン・グローバル五〇〇に入る企業や各業界のリーディングカンパニーの出展数が第一回を上回る。「隠れたチャンピオン」など優良中小企業が数多く出展する。

イベント

開催期間中、各種イベントが三百回以上開催される。

中国の十八省・区・市が百四十回以上の無形文化遺産・中華老字号（老舗）をめぐる交流、展示イベントを開催する。

バイヤー

中国国内外のプロフェッショナル・ビジター五十万人以上が登録を済ませている。その数は第一回を上回り、国際的な専門展示会でも上位の数だ。

成果

第二回輸入博の実績は第一回を大きく上回り、七千人以上の海外バイヤーを含めた専門家の登録数が五十万人を超え、バイヤーの国際化と専門性がさらに向上した。中国国内企業の三二%が製造業から、二五%が卸売および小売業からのものである。取り引きの成果は実り多く、一年単位で計算すると、成約総額は七百十一億三千万米ドルで、第一回より二三%増加した。

輸入博会場の上海国家会議・展示センターの西入口（撮影・一剣客）。

第二部

引き続き開放を拡大

習近平国家主席が輸入博開幕式で
引き続き開放を拡大するなど新措置を発表

第二回中国国際輸入博覧会の開幕式が十一月五日に上海で行われ、習近平国家主席が基調演説「開放・協力 運命を共に」を行った。

関税と制度的コストの一層の引き下げ、海南自由貿易港の建設加速、外資の市場参入条件の緩和、知的財産権保護の法体系の整備など、習主席が演説で打ち出した一連の具体的な開放措置を紹介する。

引き続き市場開放を拡大

(一) 中国は輸入の役割を一層重視し、関税と制度的コストをさらに引き下げ、多くの輸入貿易促進革新モデル地区を育成し、各国の高品質の物品とサービスの輸入を拡大する。

(二) 中国は輸入と輸出、物品貿易とサービス貿易、二国間貿易と相互投資、貿易と産業の協調的発展を後押しし、国際・国内要素の秩序ある自由な移動、資源の効率的配置、市場の深い融合を促進する。

第2回中国国際輸入博覧会開会式で基調講演を行う習近平国家主席（撮影・鞠鵬）。

17 習近平国家主席が輸入博開幕式で引き続き開放を拡大するなど新措置を発表

引き続き開放構造を整備

（三）中国は引き続き自由貿易試験区の大胆な試み、大胆な革新を奨励し、海南自由貿易港の建設推進を加速し、海南省全域を自由貿易港にする。開放の新たな高地を築く。

（四）中国は引き続き北京市・天津市・河北省の協同発展、長江経済ベルトの発展、長江デルタ地域の統合的発展、粤港澳大湾区（広州、仏山、肇慶、深セン、東莞、恵州、珠海、中山、江門の九市と香港、澳門《マカオ》両特別行政区によって構成される都市クラスター）の建設を後押しするとともに、黄河流域の生態系保護と質の高い発展の新たな国家戦略を策定し、開放の連動効果を強化する。

引き続きビジネス環境を最適化

（五）中国は引き続き経済発展を制約する際立った矛盾に照準を合わせて、重要な部分と分野で改革の歩みを加速し、国家ガバナンスのシステムと能力の現代化によって高水準の開放と質の高い発展を制度面から保障する。

（六）中国は市場化、法治化、国際化されたビジネス環境を絶えず整備し、外資の市場参入条件を緩和し、引き続きネガティブリストを減らし、投資の促進・保護、情報報告などの制度を整備する。

（七）中国は知的価値を尊重する環境を築き、知的財産権保護の法体系を整備し、法執行の強化に力を入れ、知的財産権の民事・刑事司法保護の取り組みを強化する。

引き続き多国間・二国間協力を深化

（八）中国はさらに多くの国々と高水準の自由貿易協定を協議・締結し、中国EU投資協定、中日韓自由貿易協定、中国-湾岸協力会議（GCC）自由貿易協定の交渉を加速したい。

（九）中国は国連、G20、アジア太平洋経済協力会議（APEC）、BRICSなどの協力メカニズムに積極的に参加し、経済グローバル化の前向きな発展を共に後押しする。

引き続き「一帯一路」共同建設を推進

（十）中国は「共に話し合い、共に建設し、共に分かち合う」原則を堅持し、開放、エコ、クリーンの理念を堅持し、高水準、民生重視、持続可能という目標の達成に向けて努力し、「一帯一路」（the Belt and Road）共同建設の質の高い発展を後押しする。

開放拡大は各国にさらに多くのチャンスをもたらす

中国のバイヤーと話をするサウジアラビア館の職員（撮影・王驍波）。

第二回中国国際輸入博覧会が十一月五日、上海国家会議・展示センターで開幕した。習近平国家主席は開幕式で基調演説「開放・協力　運命を共に」を行った。出席した来賓は人民日報の取材に「習主席の基調演説は対外開放のたゆまぬ拡大という中国の自信と決意をはっきりと示し、世界情勢の変動における大国としての責任感を体現し、世界各国とチャンスを分かち合い、共に発展する中国の誠意を示した。さらに多くの力を凝聚し、開かれた協力、開かれたイノベーション、開かれた共有という世界経済の共同構築を後押しし、人類運命共同体の共同構築を後押しするのは間違いない」と表明した。

ペルーのバスケス通商観光相は「輸入博覧会開幕式での習主席の基調演説は大国の指

導者としての風格を示し、多国間主義の堅持、貿易と投資の自由化及び円滑化の促進という中国の立場を表明し、協力パートナーとチャンスを分かち合い、手を携えて発展することを望む中国の姿勢を示した。輸入博覧会への参加はペルーを含む世界各国にとって重要な意義を持つ。ペルーは中国の一層の開放という機会をしっかりと捉え、ペルーの良質な製品を中国の消費者にさらに多くもたらす。中国の投資家と観光客がさらに多くペルーに来ることも歓迎する」と表明した。

アルゼンチンのエチェベレ農産業大臣は「市場開放の拡大とビジネス環境の改善を続ける中国の積極的措置は多角的貿易体制を基礎とするものだ。中国の包括的開放は世界各国に重要な発展のチャンスをもたらした」と述べた。

中国のバイヤーと商談をするドミニカ館宝石類展示ブースの職員（撮影・王驍波）。

米ダウ（グレーターチャイナ）の林育麟社長は「市場開放を拡大し続ける中国政府の努力は誰の目にも明らかであり、中国市場に対する外資系企業の信頼を一層高めた。中国は潜在力を備える消費者市場であり、現在大規模な消費の高度化を経験している。これはダウにとって、さらに大きな発展のチャンスを意味する。中国市場にする我々の信頼が揺らいだことはない」と述べた。

中国商用飛機（Comac）上海飛機カスタマーサービス有限公司の陸崢副社長は「習主席の基調演説は人々を奮い立たせるものだ。中国は経済成長方式を転換し、質の高い経済発展を促進すると同時に、世界経済の成長にさらに多くの新たなチャンスをもたらし続けている」と指摘した。

食品及び農産品館で日本の出展企業が展示した新鮮な水産物（撮影・王驍波）。

「習主席は演説の中で、世界銀行の発表したビジネス環境ランキングで中国が四十六位から三十一位に上昇したことに言及した。これは中国の改革開放とビジネス環境の改善を国際社会が認めていることを示すものだ」。復旦大学世界経済研究所の沈国兵副所長は「中国各地はビジネス環境の改善についてすでに共通認識を形成し、改革措置を打ち出し続けている」と指摘した。

中国館を訪れた外国人来場者（撮影・翁奇羽）。

食品・農産品展示エリアのタイ CP グループのブース（撮影・王慧）。

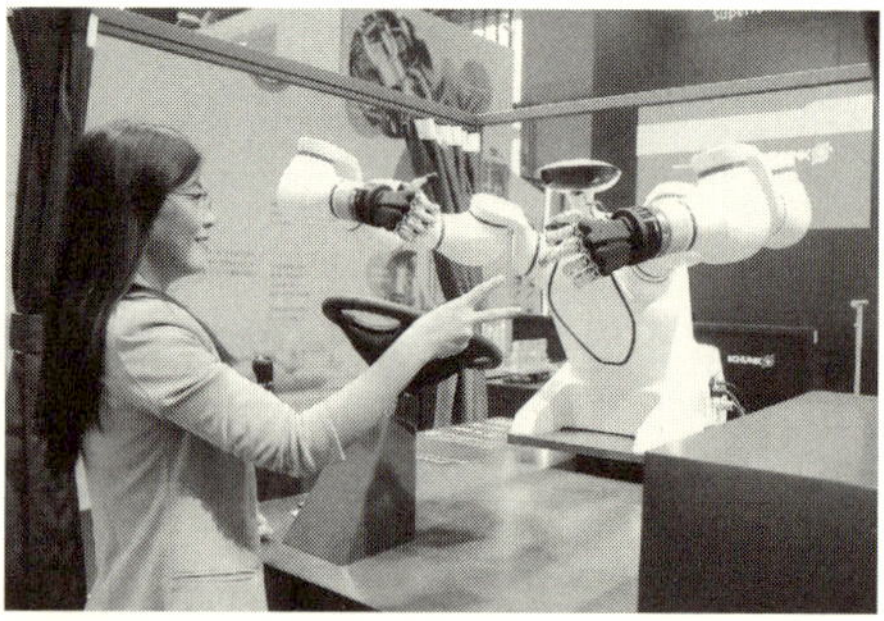

装備展示エリアで、ロボットアームとインタラクティブ交流をするドイツ・シュンク社のスタッフ（撮影・陳尚文）。

世界経済の成長に一層の新たなチャンス

第2回中国国際輸入博覧会ならびに虹橋国際経済フォーラム開幕式の会場（撮影・翁奇羽）。

　第二回中国国際輸入博覧会開幕式で行った基調演説で、習近平国家主席は経済のグローバル化が阻むことのできない歴史的潮流であることを深く明らかにし、共に経済のグローバル化の推進力をより強くより良いものにし、障害をより減らすための三つの提案を明確に示し、より高水準の対外開放を持続的に推進するうえでの中国の五方面の措置を発表し、開放の拡大を堅持し、世界経済の成長に新たな一層のチャンスをもたらすという中国の自信と決意を世界に表明し、開放型世界経済と人類運命共同体の構築推進に積極的な貢献を果す中国の責任感をはっきりと示した。

中国国際輸入博覧会は輸入をテーマとする世界初の国レベルの博覧会だ。中国が輸入博覧会を開催し、自ら進んで輸入を拡大するのは、新たな高水準の対外開放の推進、「一帯一路」共同建設国際協力の深化、開放型世界経済の共同構築に着眼した自発的行動だ。第一回輸入博覧会を基礎に、今回は新たな発展があり、計百五十五の国と地域、二十六の国際組織が参加し、展示面積は三十六万平方メートルに達し、六十四カ国が国家展を設け、三八九三社が企業展に参加している。輸入博覧会は短期間で急速に世界各国・企業の広範な参加を呼び込み、世界貿易の発展の歴史における大きなパイオニア的事業となり、新時代の国際協力の新

第2回中国国際輸入博覧会中国館（撮影・呉斯潔）。

たな重要なプラットフォームとなった。習主席は演説で第一回輸入博覧会以降の中国の各開放措置の実行状況を振り返った。これは中国が約束と信頼を重視・順守し、貿易の自由化と経済のグローバル化を揺るぎなく支持し、開放の扉をより大きく開いていくことを示すものだ。

経済のグローバル化は不可逆の歴史の大勢であり、世界経済の発展に力強い推進力を与えてきた。保護主義と一国主義が台頭し、経済のグローバル化が波瀾を迎える中、習主席は遠大な視点に立って「経済のグローバル化は歴史の潮流だ」と明示し、「大河が勢いよく前へ流れる勢いは誰にも阻むことができない」と指摘した。習主席は演説で「開かれた協力を行う世界経済を共に建設する」「開かれたイノベーションを図る世界経済を共に建設する」「開かれた共有という世界経済を共に建設する」ことを提唱した。これは各国がより開かれた心と措置によって、世界市場のパイを共に大きくし、世界が共有するメカニズムを確かなものにし、世界協力の方法を活性化し、経済のグローバル化の原動力を共に大きくし、障害を減らし、より開かれた、包摂的で、あまねく恩恵を

第２回虹橋国際経済フォーラム分科会の会場で真剣に話を聞く参加者（撮影・暨佩娟）。

及ぼす、均衡ある、ウィンウィンの方向への経済のグローバル化の発展を後押しすることを望んでのものだ。

今年は中華人民共和国成立七十周年だ。過去七十年間で中国共産党は中国人民を率いて世界的に稀に見る発展の奇跡と社会の長期的安定の奇跡を創造し、中華民族は立ち上がり、豊かになり、強くなっていく偉大な飛躍を迎えた。歴史の長期的視点から見ると、中国の発展は全人類の進歩の偉大な事業だ。習主席は演説で、引き続き市場開放を拡大し、開放構造を整え、ビジネス環境を最適化し、多国間・二国間協力を深め、「一帯一路」共同建設を推進する考えを打ち出した。この五方面の重要な措置は、まさに開放により改革を促進し、発展を促進し、イノベーションを促進し、さらに高水準の対外開放を推進し続け、各国にさらに多くの市場のチャンス、投資のチャンス、成長のチャンスを提供し、共同発展を実現するためのものだ。未来に向かい、中国経済発展の展望は必ずやより明るいものになる。中国は対外開放という基本国策を堅持し、経済のグローバル化の前向きな発展を共に後押しする。

輸入博での習近平国家主席の基調演説が各界で話題に

第二回中国国際輸入博覧会が十一月五日、上海国家会議・展示センターで開幕した。習近平国家主席が開幕式で行った基調演説「開放・協力 運命を共にする」は力強いものであり、各界で話題となった。

第2回中国国際輸入博覧会ならびに虹橋国際経済フォーラム開幕式の会場（撮影・翁奇羽）。

国連工業開発機関（UNIDO）の高官は「輸入博は中国が設け、世界が合唱するものであり、開放と協力による開催を堅持し、各国企業に重要な協力の場を与えた。自由貿易は世界全体の工業の発展にとって極めて重要だ。国際貿易に障害を設ける一部の国と異なり、中国は経済のグローバル化の推進のために前向きな主張をし、実際の行動を取っている」と述べた。

アストラゼネカのCEOは「習近平主席が二年続けて輸入博の開幕式に出席し、基調演説を行ったことは、これを非常に重視し、一層開放を拡大する中国政府の誠意を十分に示すものだ。輸入博開幕式での習近平主席の基調演説はさらに高水準の対外開放という中国の強いメッセージを発し、世界と発展のチャンスを分かち合い、共に素晴らしい未来を創造するという大国としての責任感を示した」と述べた。

キヤノンの小澤秀樹副社長執行役員は「習近平主席は基調演説で開かれた協力、イノベーション、共有の世界経済を共同構築というイニシアティブ、より高水準の対外開放の持続的推進における五方面の措置を打ち出した。これはキヤノンを含む外資系企業にとって好材料であり、世界経済の持続可能な発展に中国の案を示した」と述べた。

中国サムスンの黄得圭社長は「手を放すのではな

輸入博プレスセンターで忙しく働く記者達（撮影・牟宗琮）。

く手を繋ぐことを堅持するという習近平主席の発言は生き生きとした分かりやすいものであり、開かれた協力という世界経済を共に構築することの重要性を強調し、世界経済の試練に連携して対処するための重要な道筋を示した」「習近平主席が一年前に発表した対外開放拡大の一連の措置が今やいずれもほぼ実行に移されていることには奮起させられる」と述べた。

デロイト・トウシュ・トーマツの幹部は「習近平主席の基調演説は現在の深く複雑な国際情勢の下、世界とチャンスを分かち合う中国の構造と度量を体現している」「保護貿易主義が台頭する中、中国は対外開放の堅持という自らの決意を実際の行動によって証明している。例えば粤港澳大湾区（広州、仏山、肇慶、深セン、東莞、恵州、珠海、中山、江門の九市と香港、澳門《マカオ》両特別行政区によって構成される都市クラスター）建設の推進、自由貿易試験区の設立、各種非関税障壁の撤廃などだ。輸入博覧会の開催は対外開放を堅持するという中国の明白なメッセージだ」と述べた。

デンマーク・レゴグループのＣＥＯは「習近平主席は開幕式での基調演説で、中国はビジネス環境を引き続き最適化するという最も強い声を発した」「『中国は市場化、法治化、国際化されたビジネス環境を整備し続け、外資の市場参入条件を緩和する』『中国は知的価値を尊重する環境を築き、知的財産権保護の法体系を整備する』こうしたメッセージは人々を鼓舞するものであり、中国市場に対する外資系企業の信頼を一層高めた」と述べた。

第２回中国国際輸入博覧会中国館（撮影・潘潔）。

上海国家会議・展示センターの南入口（撮影・翁奇羽）。

第2回輸入博プレスセンター（撮影・翁奇羽）。

第三部

輸入博の盛況

「ますます良くなる」輸入博　たくさんの喜びと驚き

第二回中国国際輸入博覧会が二〇一九年十一月五日から十日にかけて上海市で開催される。幅広く「良縁」を結ぶ一大イベントで、中国と世界により多くのメリットをもらすことは確実だ。

現在、世界経済は成長率が鈍化し、リスクや挑戦が増大し、「開放か閉鎖か、前進か後退か」という重大な岐路に立たされている。この背景の下、中国が輸入を主体的に拡大しているのは、便宜的な対策ではなく、世界経済の未来に向き合い、共同発展を促進するための長期的な視野に立った行動だ。中国が輸入博を開催するのは、より高水準の開放を推進するための着実な措置であり、開放型世界経済の共同建設を推進するという中国の役割を体現するものだ。

中国の輸入博開催では、着眼点が「ますます良くなっている」ことだ。「中国国際輸入博覧会は毎年開催するというだけでなく、水準を上げ、成果を出し、ますます良くなる必要がある」ということを作業の方向性および根本的に遵守すべきこととして、第二回輸入博の準備作業にはたくさんの注目点がみられた。今回の会場面積は三十六万平方メートルに達し、第一回より六万平方メートル増加し、百五十を超える国・地域の企業三千社あまりが出展し、そのうち世界トップ五百社と各業界のリーディングカンパニーが二百五十社以上出展する。これと同時に、出展企業は展示製品を選ぶ際により専門的・良質の・先端で特徴ある製品、自国や同業界を代表する最高水準の製品を選ぶようになった。新製品、新技術の数量と品質は前回を超える見込みだ。

中国の輸入博開催により、非常に大きな「磁場効果」が現れる。グローバル経済が大規模な調整を行い、保護主義や一国主義が台頭する大きな背景の中、中国が世界で初めて輸入をテーマにした国家レベルの博覧会を着実に開催し、高水準の開放を堅持すれば、グローバル経済貿易協力にプラスのエネルギーをもたらし、参加者も呼応者もますます増加する。規模のより大きな、質のより高い、イノベーションのより強力な、レベルのより高い、成果のより優れた輸入博は、中国の対外開放拡大の積極的姿勢の表れであり、開放型世界経済の構築を推進するための揺るぎない努力でもある。

中国の輸入博開催は、自国を発展させ、世界にも幸福をもたらす。このプラットフォームを構築することで、中国は高い品質の消費財・サービスの輸入を合理的に拡大し、中国国内の消費者により多くの選択肢を提供し、人々は家を出なくても、国を出なくても、より気に入った商品を買い、より質の高いサービスを受けられるようになり、人々の獲得感と幸福感を高めることができる。輸入博は中国が開放型世界経済の提唱者であるだけでなく、その実践者でもあることを十分に示した。中国は世界に向けてドアを開き、世界の発展に新たな寄与をし、言ったことは実行する。たとえば関税をさらに引き下げる、通関の円滑化レベルを引き上げる、輸入段階の制度的コストを削減する、越境ECなどの新業態、新モデルの発展を加速する、輸入の潜在力を非常に大きくかき立てるなどを実行した。また市場参入の要件を持続的に緩和する、外資系企業の投資参入そ規定するネガティブリストを一層簡略化するなどを実行した……こうした重大措置により、中国は国際社会から幅広く認められるようになった。

中国は輸入博を開催し、各方面の力を結集する。経済グローバル化が深く発展する今日にあって、弱肉強食や勝者総取り方式は、ますます狭まる袋小路への道であり、包摂的、互恵、ウィンウィンこそがますます広がる人類の正しい道だ。輸入博は中国が主催し、世界貿易機関（ＷＴＯ）など複数の国際機関と多くの国・地域が共同参加するものだ。中国のソロではなく、各国が集まった大合唱であるからこそ、結束力と魅力をより備えるようになる。

「ますます良くなる」、「永遠に幕を閉じることがない」輸入博は、私たちにより多くの喜びと驚きをもたらし、革新的で包摂的な開放型世界経済の共同建設、人類のより素晴らしい未来の創出のために新たな活力を絶えず注入するものになることは確実だ。

2019年11月4日、上海国家会議・展示センター南門の近くで来場者を迎える中国国際輸入博覧会マスコットの「進宝（ジンバオ）」（撮影・暨佩娟）。

輸入博に行って中国の素晴らしさを味わおう

輸入博の開催は時代の流れに応じたものであり、その誘致力とカリスマ力は非常に強い。二〇一八年の第一回輸入博は世界中の注目を集めるほどの成果を上げた。百七十二の国・地域、国際機関が参加し、企業三千六百社あまりが参加し、八十万人以上が会場を訪れて調達の商談を行ったり、体験に参加したりし、年間ベースでみると、意向成約額は累計五百七十八億三千万ドル（一ドルは約一〇九・〇円）に上った。出展国の範囲、展示ブースの面積、企業の数と質、バイヤーの規模、来場者数はいずれも予想を上回った。初の開催にして世界十大ビジネスイベントに躍進し、輸入博は国際博覧会史上における画期的試みとなった。

第一回の成功は海外の出展企業を非常に強く勇気づけた。第二回に出展する国・地域、国際機関、企業の数は第一回を超え、展示面積も三十万平方メートルから三十六万平方メートルに増えて大幅に増加した。出展企業のうち世界トップ五百社と各業界のリーディングカンパニーが二百五十社以上出展し、より多くの新製品、新技術、新サービスが「世界で初めて発表され、中国で初めて展示される」。

輸入博の誘致力はなぜこれほど強いのか。第一回の「反響」と第二回への期待から誘致力の一端がうかがえる。

――輸入博では新製品をすぐに試し、導入することができる。昨年の輸入博で、バングラデシュのダダバングラ社はジュートの手工芸品を出展し、会場では特色ある製品として来場者の人気を集めた。その後、この商品は上海高島屋のアートスペースで扱われるようになった。二回の博覧会に出展する最大の日用化学品メーカー・ロレアルは輸入博を、新製品を導入し、人気商品を生み出す「加速装置」と位置づける。ロレアルが昨年の輸入博で初めて発表した四大ブランドは、すべて中国市場で販売されるようになり、多くの新製品が爆発的な人気商品になった。今年は一千点を超える展示品をひっさげ、数量は第一回の倍になり、このうち約三分の一は中国の消費者に初めてお目見えするものだという。

――ここでは中国の消費の拍動を感じることができる。輸入博の会場には世界各地から目の肥えた来場者とバイヤーのチームがやって来て、その話を通じて中国市場に関する新しい知識を得ることができる。たとえば第一回の会場でのヒントを受け、これまでずっと大口取引モデルを続けてきたブラジルの牛肉ブランドが、少量パッケージの製品を打ち出したことから、中国の一線都市はもとより、西南地域、東北地域などの三線都市までカバーするようになり、売り上げが大幅に増加した。

――ここでは最良の協力パートナーを見つけることができる。ステンダーズは欧州のスキンケアブランドで、第一回輸入博を通じて知られるようになり、大勢のバイヤーとの間で終了後にさらなる交渉が行われた。少し前には、中国石化(深セン)電子商務有限公司とステンダーズが調達意向書に調印し、中国石化のガソリンスタンド、ECプラットフォーム、易捷コンビニなどのルートでステンダーズブランドの特色ある製品が手に入るようになった。

――ここには世界中の熱意あるバイヤーが集まっている。昨年の輸入博で、ジョンソン・エンド・ジョンソンの展示ブースは各国の政府代表団を受け入れ、中国の有名病院五十カ所以上と調達覚書に調印した。ドイツの家電メーカー・フォアベルクは昨年、子会社のスマート掃除ロボットを出展して成功した。今年はすでに中国市場に進出している傘下のブランドを集中的に展示する。会場では、たくさんの医療機器、製造設備、精密機器などの展示品が並び、ふさわしい買い手が現れるのを待っている。

ここは中国市場に進出するための最良のプラットフォームを提供する。ルイス・ロード・クリーマリーはニュージーランドの乳製品ブランドで、ここ二年ほど中国市場進出の準備を進めてきた。今年の輸入博には自国市場で人気の高いチョコレート牛乳とイチゴ牛乳を展示し、中国の消費者に紹介する。同社のオニキ社長は、「第一回輸入博が成功し、ルイスを含むニュージーランドの現地ブランドの多くがこの無限の発展の潜在力を備えた中国の巨大市場をより重視するようになった。輸入博というチャンスを通じて、中国市場における当社製品の長期的発展のための着実な基礎を打ち立てたい」と述べた。

ロレアル中国法人のファブリス・メガバーン最高経営責任者（CEO）は、「第一回輸入博の成功は国際貿易発展の歴史における画期的試みであり、人々は規模がさらに大きくなり、質がより高くなり、イベントもより盛りだくさんになった今年の第二回に非常に期待している」と述べた。

ゼネラル・エレクトリック（GE）国際業務部門の段小纓社長兼CEOは、「輸入博は出展企業にブランドや技術の実力、製品のラインナップやソリューションを展示する絶好のプラットフォームを提供するだけでなく、GEを含む多くの海外企業にとって、内容が豊富で、得がたい貴重な国際交流のきっかけでもある」と述べた。

フォアベルク中国エリアの査生社長は、「輸入博は中国の巨大市場を展示するだけでなく、優良な海外企業の中国進出を支援する中国政府の誠意を示す場でもある。よって当社本部は中国市場により多くの資源を注ぎ込むことを決定した。世界のたくさんの多国籍企業の共通認識として、中国市場には無限大の潜在能力があるということは、私たちも深く知っている。フォアベルクは最大の熱意を胸に抱いて、二〇一九年輸入博で中国の消費者と向き合いたい」と述べた。

輸入博人気の秘密

第二回中国国際輸入博覧会が十一月五日、盛大に開幕する。中国と世界が深く融合し、ウィンウィンの発展を図る美しい絵巻がゆっくりと広げられる（人民日報「国紀平」掲載）。

百五十余りの国と地域の企業三千社余りが出展する。参加する国、地域、国際組織、出展企業（フォーチュン・グローバル五〇〇入りした企業や各業種のリーディングカンパニーを含む）の数は、いずれも第一回を上回る。展示エリアの面積を数度拡張したが、それでもブースを確保するのは難しい。

発足から間もない博覧会が、全世界的範囲でこのように非常に高い人気を博しているのはなぜか？

非常に高い人気はまず、輸入博覧会の「非凡な出自」によるものだ。輸入をテーマとする世界初の国レベルの博覧会、国際貿易発展の歴史における大きなパイオニア的事業であり、習近平国家主席が自ら計画し、方針を立て、推し進めたものだ。

非常に高い人気は、第一回輸入博覧会が素晴らしいものであり、出展企業らに満ち溢れるほどの獲得感をもたらしたことにもよる。わずか六日間の会期で、八十万人以上が訪れて商談をし、見学や体験をし、成約高は五百七十八億ドルに達した。

2019年10月26日、輸入博を間近に控えた上海国家会議・展示センター（撮影・計海新）。

非常に高い人気は、中国の包括的な開放のたゆまぬ深化への世界中の企業の信頼を示すものでもある。関税水準はさらに下がり、ネガティブリストはさらに少なくなり、市場参入はさらに円滑になり、市場ルールはさらに透明なものになった。さらに高水準の対外開放を推し進める一連の重大な措置が相次いで実施され、各国の企業が中国市場に参入するための制度環境は絶えず優れたものに変えられ、中国のチャンスを分かち合うルートはさらに素早く手軽なものになっている。

「今後十五年で中国の輸入する物品は三十兆ドル、

サービスは十兆ドルを超える見込みだ」。習主席が第一回輸入博覧会開幕式で示した中国の大市場についての予測は世界的に熱い議論を呼んだ。中国消費市場の台頭を、世界は一致して中国経済の長期安定的発展の重要な支えと見ており、これは各国企業が引き続き中国に投資するうえでの焦点でもある。

日本貿易振興機構（ジェトロ）は日本企業の出展を積極的に取りまとめ、中国市場で「大きな潜在的発展性を持つ」食品、農産品、医薬品などを重点的にPRしている。「輸入博覧会はこうした産品の中国における販路拡大に重要なプラットフォームを提供する」からだ。

シンガポールからは企業八十四社がチームを組んで参加する。シンガポール工商業連合会の張松声会長は「第一回輸入博覧会で得た成果から、中国に行ってイノベーティブな製品やサービスを展示することを望むシンガポール企業が増えている」と語る。

中国消費市場の魅力は規模だけでなく、それ以上に最適化し続ける構造による。「衣・食・使用」から「住まい・出かけ・旅行」へと、中国消費市場はサービス消費の割合が著しく高まり、流通方式のイノベーションが加速し、ネット小売の規模は世界首位に躍り出た。様々な変革の趨勢を前に、中国市場を世界のイノベーションを育む沃土と見なし、イノベーションの投入を増やし続ける多国籍企業が増えている。

搭乗者の生理的状態を自動的に感知して車内環境を調節するコンセプトカー、毎時百五十～二百トンのスピードで建築廃材を「宝に変える」粉砕設備、スタインウェイの最新の演奏・録音ピアノなど、今回の輸入博覧会ではさらに多くの新たな製品、技術、サービス、製造方法、応用が「世界初披露、中国初展示」を実現する。

輸入博覧会での世界初披露の盛り上がりは、中国が知的財産権保護の取り組みを強化し続けていることと密接に関係する。知的財産権の法体系を急速に整備し、国際的に通用するルールと合致し、広範囲をカバーする知的財産権法制度を構築した。権利侵害への懲罰的賠償制度を導入し、懲罰は国際的に比較的高い水準に達した。知的財産権保護の大きな進歩によって、中国のイノベーション環境は著しく改善され、多国籍企業は中国での経営拡大に安心感を抱くようになった。

経済グローバル化は現在逆風に遭っている。中国による輸入博覧会の開催は経済グローバル化の継続的発展を支持する力強い措置だと、各国のウォッチャーは見ている。第一回輸入博覧会に参加したベルギー・中国経済貿易委員会のBernard Dewit会長は「中国による輸入博覧会の開催によって、世界各国が国際貿易を行い、協力によるビジネスチャンスを分かち合うためのプラットフォームが設けられた。これは自由貿易体制を実際の行動で守るものだ。中国の開放拡大は世界各国の企業に多大なビジネスチャンスをもたらす」と感想を語る。

輸入博覧会は中国が主催し、世界貿易機関（WTO）、国連貿易開発会議（UNCTAD）、国連工業開発機関（UNIDO）などの国際機関が協力し、多くの国々が参加する。こうした重量級の協力パートナーと広範な参加は、中国が自ら進んで輸入を拡大し市場を開放する重要なプラットフォームである輸入博覧会の国際性と開放性の現れであり、国際社会が世界の貿易環境の改善、協力・ウィンウィンの実現を心から望んでいることをはっきりと示すものでもある。

今日の中国は開放による発展の促進という、より高い出発点に立っている。一つには、より高い水準の対外開放の実現は中国経済のモデル転換と高度化における必然的要請となっている。もう一つには、世界の貿易環境がもたらす圧力が客観的に眼前に存在する。「一帯一路」共同建設のたゆまぬ深化と着実化から、輸入博覧会という全く新たな協力プラットフォームを設けることまで、自由貿易圏構築のたゆまぬブレイクスルーから、「外商投資法」の実施、サービス業の開放加速まで。中国の開放は自らの発展を新たな段階に進めただけでなく、世界に幸福をもたらしてきた。

未来に向けて、中国には世界の共同開放の重要な促進者、世界経済成長の安定的動力源、各国がビジネスチャンスを開拓する活力ある大市場、グローバル・ガバナンスの積極的な貢献者となり、各国と共にチャンスを分かち合い、共同発展し、手を携えて人類運命共同体の構築を後押しし、平和と発展の陽光が世界中をあまねく照らすようにする自信と底力が完全にある。

輸入博会場に掛けられた大型宣伝ポスター（撮影・宋傑）。

上海国家会議・展示センターの前で記念撮影をする第2回輸入博のボランティア（撮影・暨佩娟）。

輸入博の新たな見所

二〇一九年十月二十二日午前十時、平ボディートラック二台に載せられたパトロール船が会場に運び込まれた。イタリアの高級ボート・クルーザーメーカー・フェレッティ上海事務所の陳鋼首席代表は、その長さ二十メートル、高さ六・八メートル、重さ三十七トンの船を指しながら、「これは今年の一番大きい展示品で、アジアでは初披露だ！」と胸を張った。同社は二年連続の出展で、昨年展示したクルーザーより、今年の一九五型高速パトロール船のほうが技術レベルが高い。

第二回輸入博の新たな見所は？

（一）規模がさらに拡大。例えば、シンガポールの企業は八十四社、ニュージーランドの企業は約百社が出展する。今年の展示面積は二度拡大され、三十六万平方メートルを上回った。出展する企業とバイヤーの数は既に第一回を超えた。

（二）クオリティがさらにアップ。世界の最新の抗がん剤、世界で最も細く、最も短いインスリンの注射針、世界初公開の建築ゴミ粉砕機、ウェアラブル外骨格マンマシン、世界中から集まった自然食品など、一流の商品・製品が数多く出展される。

（三）「イノベーション」がさらに強化。屋外「自動運転」エリアや冬季五輪競技体験エリアなどが新設され、フレッシュ感があり、体験型のプログラムが増えた。新設された「輸入博リリース」プラットフォームでは、部（省）・委員会十機関以上が政策説明や政界・ビジネス界対話などを実施するほか、世界貿易機関（WTO）や国連工業開発機関（UNIDO）などの国際機関が年度報告を発表する。

（四）ランクがさらにアップ。虹橋国際経済フォーラムの国際性、代表性、権威性がより高まった。今回の虹橋国際経済フォーラムは、開幕式と五つの分科会で構成されており、各国・地域から政界、商業界、学界、国際機関の代表約四千人が参加し、世界経済が再び活力を取り戻すために提言を行う。

（五）成果がさらに充実。第二回輸入博には、取引チーム三十九チーム、取引サブチーム約六百チームが参加する。開催期間中、マッチングミーティングが百回以上開催されるほか、需給ビジネスマッチングミーティングを開催して、ビッグデータを活用したスマートマッチングを取り入れ、出展する中小企業約千社にマンツーマンの商談サービスを提供する。今回の輸入博は、さらに多くの商機、選択、成果をもたらし、各方面により いっそう満足感を抱かせることができるだろう。

輸入博が世界経済に新たな原動力をもたらす

世界百五十以上の国・地域の企業三千社あまりが出展契約を結び、専門のバイヤーと来場者ら五十万人が登録申し込みをした。出展企業の平均展示面積は九十三平方メートルで、第一回より二〇％以上増加した。七～十月には関連情報の問い合わせホットラインに累計七万件の問合せがあり、前年同期比二万一千件増加した。第二回中国国際輸入博覧会は第一回よりさらに大規模に、範囲もさらに広く、熱意もより高まり、二〇一九年の年末に最も注目と期待を集める国際的な大イベントになった。

こんな細かい発見をした参加者がいる。昨年は全部で証明書類が十七種類あり、人によっては複数の立場で参加するため数種類の証明書類が必要だった。今年は主催者側が証明書類の管理を最適化し、種類を五つに絞り込んだため、参加者は手続きがかなり簡便になったという。また輸入博の具体的な内容と計画をみると、「輸入博の発表」が増設され、さまざまな機関が輸入博に関連する最新の政策、研究成果、年度報告を発表するためのプラットフォームが提供された。体験エリア、活動エリア、商談エリアが設置され、組織的調達や商談・マッチング活動がより豊富になった。第一回の優れた経験、優れた手法を継承すると同時に、第二回はイノベーションを利用した運営を強化し、立体的な商業貿易協力プラットフォームを構築するだけでなく、多元化した情報円滑化プラットフォームを開設することになる。

輸入博は第二回を迎え、誘致力も影響力も会場の外に波及するようになり、非常に大きな拡散効果を発揮するようになった。上海市は「六＋三百六十五日」通年展示取引プラットフォーム第一陣を三十カ所設置し、展示品が商品に変わるよう促進した。今年五月に開業した虹橋輸入商品展示取引センターはそのメーンプラットフォームで、保税展示、商品取引、物流貯蔵、通関サービスを一体化し、十月末までに二十六カ国の四百を超えるブランド、二千五百種類を超える商品がここで取り扱われた。同時に、拡散効果はさらに広がって体制やメカニズムの構築にも及んだ。上海税関は輸入博に専門的に対応し、輸入博のニーズにただちに対応するため、上海国家会議・展示センター税関を設置した。現在、同税関は常態化するとともに、円滑化措置が集結したその優位性を十分に発揮して、他の国際エキシビションに「ワンパッケージ」の保障と「ワンストップ式」のサービスを提供している。輸入博は窓のようなもので、中国の対外開放への決意と取り組みを映し出す。「永遠に幕が下りない輸入博」は、中国内外のビジネスマンの興味の尽きない話題にもなっている。

第一回輸入博では、ニュージーランドのあるメーカーの新鮮な牛乳がわずか七十二時間で原産地から中国の消費者の食卓に届き、人々を大いに驚かせた。それから一年も経たないうちに、同社の乳製品のオフラインルートは二十六の省級行政区域に広がり、オンラインルートは全ての省級行政区域をカバーした。三線都市や四線都市、遠い山間地に住む消費者も、「輸入博と同じ商品」を手軽にすぐ楽しめるようになった。スウェーデンのあるメーカーが製造した自動補正して正確に照射する最新式ガンマナイフは、第一回輸入博に登場した後、わずか三カ月あまりで上海の病院に導入され、これまでに二千人を超える中国人患者の治療を行った。ここからわかるのは、輸入博は貿易のバランスをよりよく促進するだけでなく、素晴らしい生活の一部へと転換して、人々に実際に獲得感をもたらすということだ。

さきに国際通貨基金（ＩＭＦ）は最新の報告書「世界経済見通し」の中で、二〇一九年の世界経済成長率予測値を三％に下方修正し、主な原因としてグローバル貿易の不確定性を挙げた。保護貿易主義やグローバル化に逆行する流れがわき起こる背景の下、ますます良くなる輸入博は中国の対外開放拡大の固い決意を示すだけでなく、世界経済に新たな原動力をもたらすものでもある。

2019年6月8日、ドローンで撮影した上海自由貿易試験区臨港新片区（撮影・海新）。

2019年5月28日、ドローンで撮影した上海洋山深水港（撮影・許叢軍）。

2019年9月12日、青い空と白い雲の下にそびえ立つ、美しい陸家嘴の摩天楼（撮影・王岡）。

アメリカを始め世界各国が中国市場にますます注目

昨年の第一回中国国際輸入博覧会に米国企業は百社余りが出展し、三万六千平方メートル余りという出展面積は三位に入った。今年米国企業はさらに積極的で、出展を申し込んだ企業は百九十社を超え、出展面積は四万七千五百平方メートルで首位に立った。米国企業が中国市場を重視し、熱意を抱いていることが見てとれる。これは協力・ウィンウィンが常に世界の発展の主旋律であり、経済グローバル化が常に阻むことのできぬ大きな趨勢であることを側面から示すものでもある。

「長江、ナイル川、アマゾン川、ドナウ川は昼夜止むことなく勢いよく前へ流れている。逆波が生じることがあっても、危険な早瀬や暗礁が多くとも、勢いよく前進する大河の流れを阻むことは誰にもできない」。第二回中国国際輸入博覧会開幕式の基調演説で、習近平国家主席は盛んな勢いの河川にたとえて、経済グローバル化の流れが不可逆であることを深く示した。保護貿易主義と反グローバリズム思想が広がる中、遠大な視点に立ったこの判断はより深く重厚で、より責任感のあるものだ。

経済グローバル化は人類の社会や科学技術の進歩と生産力の発展による必然的結果だ。

歴史を振り返ると、第一次産業革命は国際分業を生じさせ、英国の綿紡績工場が世界各地の綿花を加工することになり、綿布は最初期のグローバル化商品となった。一九七〇年代以降、情報技術革命が世界中を席巻し、インターネットに代表されるデジタル経済によって人々は隣近所同士の「地球村」に暮らすようになった。未来を見ると、人工知能（AI）、ビッグデータ、量子通信、ブロックチェーンなど新たな科学技術革命と産業変革がパワーを蓄えつつある。これら自体に備わる開放・共有といった特徴が、経済グローバル化の深い発展を一段と後押しする。これは歴史の法則、時代の潮流であり、人間の意志で変えることはできない。

経済グローバル化は阻むことができず、平和と発展という各国の望みも阻むことはできない。中華人民共和国は成立後の七〇年、特に改革開放の四〇年余りで積極的にグローバル市場に融け込み、国際分業に参加し、徐々に世界第二の経済大国へと発展した。今やさらに多くの途上国が中国の成功ノウハウを吸収することを望み、公平で秩序ある国際環境の中で対外開放を拡大し、経済グローバル化に深く参加し、さらには国際貿易の中でさらに多くの富を創造し、国家の命運を変えることを期待している。素晴らしい生活へと踏み出す世界各国の人々の歩みを阻むことは誰にもできず、世界各国の人々が平和・発展・進歩を渇望するのを抑え込むことも誰にもできない。

かつて国際通貨基金（ＩＭＦ）専務理事を務めたラガルド氏は輸入博覧会を「今日の中国は三つの橋を建設している。世界へ通じる橋、繁栄へ通じる橋、未来へ通じる橋だ」と評価した。中国は経済グローバル化を断固として擁護し、自由貿易を断固として守り、人類社会の素晴らしい未来を見守っている。中国は開放の扉を大きく開いていくのみであり、さらに多くの実務的な行動と措置によって、経済グローバル化という時代の大河が滔々と流れていく後押しをする。

中国のビジネス環境が大幅に改善した理由

世界銀行がこのほど発表した「ビジネス環境の現状二〇二〇」で、中国のビジネス環境は世界百九十の経済体中三十一位となり、昨年の四十六位から大幅に上昇した。また、ビジネス環境が大きく改善した十カ国・地域に二年続けて選ばれた。中国の改革開放と経済的将来性に国際社会が投じた信任票を存分に示す結果だ。世界経済の不確定要因、不安定化要因が増える中、固く揺るぎなく開放を拡大する中国の堅実な行動は、世界市場の信頼を下支えするうえで積極的な意義を持つ（人民日報「鐘声」国際論評）。

順位上昇の背景には、本腰を入れて難題に取り組み、ビジネス環境を優れたものに変え続ける中国の実務的措置がある。今年、中国はより魅力あるビジネス環境を築くために一連の政策措置を打ち出した。三月には「中華人民共和国外商投資法」を可決して、外資参入への保護を一層強化した。六月には新たな外資参入ネガティブリストと外資参入奨励産業リストを発表し、七月三十日に正式施行した。八月には山東省、江蘇省、雲南省など六省（自治区）に新たな自由貿易試験区を設けた。十月には改正「外資保険公司管理条例」と「外資銀行管理条例」により、外資系銀行・保険企業の参入条件をさらに緩和した。数日前には「ビジネス環境優化条例」を公布して、近年の「放管服改革」（行政のスリム化と権限委譲、緩和と管理の結合、サービスの最適化）において有効性が実証された手法を法規に格上げするとともに、世界の先進水準と比較・分析し、中国企業や外資系企業など様々な市場参加者を平等に扱うビジネス環境の基本制度・規範を確立した。ロイター通信は「新たな政策は公平な市場参入を確保し、公平な市場競争を保護する」と評価した。

順位上昇の背景には、たゆまず改革を深化し、開放を拡大する中国の断固たる決意がある。十月二十六日、習近平国家主席は「中国を読み解く」広州国際会議二〇一九への祝賀メッセージで「中国は経済グローバル化の受益者であり、それ以上に貢献者だ。確固不動として平和的発展の道を歩み、互恵・ウィンウィンの開放戦略を遂行し、引き続き開放型世界経済の発展のために原動力を増やし、世界各国の人々と共に、経済グローバル化のさらに開放的・包摂的で、あまねく恩恵を及ぼす、均衡あるウィンウィンの方向への発展を後押しし、経済グローバル化が世界各国の人々により良く幸福をもたらす

2019年9月12日、青い空と白い雲の下にそびえ立つ、美しい陸家嘴の摩天楼（撮影・王岡）。

ようにする」と指摘した。法治化、国際化、円滑化されたビジネス環境は中国が全面的な開放の新たな構造を形成するうえでプラスだ。中国は世界経済と深く融合し、各国と共に発展する道を歩み、一段とリーダーシップを発揮していく。英国の学者マーティン・ジャックス氏は「開放に対する中国の姿勢、グローバル化に対する中国の姿勢は一部西側国と鮮明なコントラストを成す」と指摘した。

良いビジネス環境は生産力、競争力、吸引力をかき立てる。中国のビジネス環境が改善され続けていることは、現在中国が各国の企業とさらに多くの協力・ウィンウィンの物語を紡いでいることを意味する。世界の国際直接投資が三年続けて減少する中、今年第一～三四半期に中国で新設された外資系企業は三万八百七十一社で、実行ベース外資導入額は前年同期比六・五％増加した。商務部（商務省）の報告によると、外資系企業の数は全国の企業総数の三％足らずだが、対外貿易の半分近く、一定規模以上の工業企業（年売上高二千万元以上の企業）の生産額と利益の四分の一、税収の五分の一を貢献しており、すでに中国の開放型経済における重要部分をなしている。米電気自動車企業テスラの公表した第三四半期財務データによると、上海工場の建設スピードが想定以上に速かったことが、同季の利潤が予想を上回った主たる原因だ。

開放の足音はこのように大きく響いている。先般、第一回多国籍企業経営者青島サミットが成功裏に開催され、フォーチュン・グローバル五〇〇に名を連ねる企業百社以上が中国のチャンスを共に分析した。数日後には第二回中国国際輸入博覧会が約束通り開催され、第一回を上回る数の国・地域及び企業が出展する。中国がさらに開かれた大きな度量と積極的な行動によって各国の発展に新たなチャンスを創造し、世界の発展に力強い原動力を注入しているのを、世界は共に目撃している。

2019年10月4日、コンテナを満載して上海洋山深水港をゆっくりと離れる貨物船（撮影・計海新）。

2019年10月3日、ドローンで撮影した上海洋山深水港（撮影・計海新）。

各国の専門家や学者が見た中国ビジネス環境の改善

世界銀行がこのほど発表した報告書「ビジネス環境の現状二〇二〇」の中で、「改革の推進に力を入れたため、中国のビジネス環境は世界の百九十の経済体中の順位が三十一位になり、昨年の四十六位から大きく順位を上げ、また二年連続で最もビジネス環境の改善が見られた上位十カ国・地域に入った」としている。世界経済分野の専門家は取材に答える中で、「ここ数年に中国のビジネス環境は目に見えて改善し、ますます魅力の高まる投資目的地になりつつある」との見方を示した。

同報告書は世銀が毎年一回発表する重要報告書であり、二〇一九年五月一日までの一年間の世界における経済監督管理改革を追跡し、世界百十五の経済体が商業の改革促進活動二百九十四件の実施を記録したという。

同報告書は、中国は企業設立、建設許認可など八分野での改革で突出した進展ぶりを示した。たとえば建築許認可手続きや電力調達のプロセスを簡略化し、審査にかかる時間を短縮した。

世銀のシニアエコノミストのマーチン・パイカウスキー氏は、「過去二年間、中国はビジネス環境の最適化で非常に大きな成功を収め、世界での順位が二年前の七十八位から現在は三十一位に上昇し、目を見張る成果の源は中国政府がビジネス環境の分野で進めてきた全面的改革にある」と述べた。

米エール大学の上級研究員のステファン・ローチ氏は、「中国のビジネス環境改善での進歩は人々に勇気を与える。特に新企業の育成で、中国の順位はさらに高い。報告書が指摘したように、中国政府はスタートアップ企業の支援で実際に効果を上げ、これは中国が技術イノベーションに力を注いできたことの現れでもある」と述べた。

最近、中国は初のビジネス環境最適化に関する行政法規「ビジネス環境最適化条例」を発表した。この条例はここ数年の中国のビジネス環境最適化の経験と手法を総括し、効果があることを実証しており、人々が満足し、市場主体が支持する改革措置を法規制度により固定化し、国際的先端レベルをベンチマーキングし、体制・メカニズムの改善というレベルで関連する規定を打ち出したものだ。

前出のパイカウスキー氏は、「世界銀行は中国政府がビジネス環境のさらなる最適化のために取った措置を歓迎する。北京と上海では多くのブレークスルー的な改革が実施され、この両都市での成功体験が中国の他の都市に普及拡大することを願う。中国は金融アクセス、対外貿易などのビジネス環境指標でまだまだ潜在力を高める余地があり、ビジネス環境の改善が中国経済の高い品質の発展推進にとってプラスになる」との見方を示した。

シンガポール国立大学法学部アジア法研究所の王江雨所長は、「『ビジネス環境最適化条例』の登場は、法律面で中国での事業設立や貿易を保障し、政府の役割転換を推進する上でプラスになる。これは長期的な意義をもった改革措置だ」と述べた。

現在、保護貿易主義が台頭し、グローバル経済の成長予測は低下を続ける。パイカウスキー氏は、「中国は世界の経済成長の主要エンジンの一つであり、そのビジネス環境の改善は中国経済成長にプラスになり、またグローバル経済の発展にも積極的な影響を与える。世界銀行の貿易指標が示すように、中国は海外からの製品輸入コストを引き下げる努力をしており、これはさらに開放を拡大しようとする中国の決意を物語る」と述べた。

日本のみずほ総合研究所のチーフエコノミストの長谷川克之氏は、「構造改革の持続的推進にともない、中国は挑戦をチャンスに変えつつある。中国はビジネス環境を絶えず改善し、たとえば監督管理の緩和、市場開放、構造改革推進などの措置を取ってきた。中国の開放拡大は世界経済の安定と発展にとって重要な意義をもつ」と述べた。

日本のオリックス株式会社の伏谷清専務執行理事は取材に応える中で、「当社は一九八〇年代に中国に進出し、中国のビジネス環境の改善と向上には感慨深いものがある。関連する法令の公布から、各レベル政府自らの努力や実践、体験まで、いずれも中国政府のビジネス環境を重視する姿勢を深く感じさせる。優れたビジネス環境は、中国企業にも外資系企業にもウィンウィンであり、より開放的な市場環境を創出すれば、より多くの外資系企業に中国に来て発展するための選択肢を提供することになる。中国の開放の歩みはこれまで停止したことはなく、私たちは対外開放に向けた中国の固い決意を深く感じている」と述べた。

輸入博の現地レポ

設備展示エリアでは、オムロンのブースでスタッフが卓球ロボットの調整を行っていた。同社の広報担当者・孫暉氏によると、第一回中国国際輸入博覧会で好評を博した卓球ロボットのグレードアップ版が今回展示される。同ロボットは、縦回転や横回転をかけて打つなどのハイレベルのテクニックを誇るほか、対戦相手にテクニックを教えることもできる。「体験活動を通して、『人とロボットは共存できるだけでなく、共に成長することもできる』という理念を伝えたい」と孫氏は語った。

食品・農産品展示エリアのタイCPグループのブースで、陳列棚の整理やラベル貼りに忙しいスタッフ（撮影・王慧）。

　テクノロジー生活展示エリアでは、かわいい男の子のようなロボット・Roboyが展示されている。笑ったり、怒ったり、恥ずかしがったり、甘えたりできるRoboyの両手両足は、３Dプリント技術を利用して人間の骨格や筋肉、腱などを再現しているため、人間と酷似している。また、胸部には各種コンポーネントがぎっしり詰まっている。ドイツのインフィニオン・テクノロジーズのブースのスタッフは、「コンポーネントが見えるように展示しているのは、ロボットの内部構造の特徴を知ってもらうため」と説明する。Roboyは三輪車をこぐことができるほか、最近はアイスクリームの販売もマスターしたという。

インフィニオン・テクノロジーズ中華圏総裁の蘇華氏は、「輸入博覧会への出展は、当社にとって今年の最重要事項の一つだ。輸入博覧会は、当社がハイクオリティの製品やサービスをPRする絶好の場になる」と語った。

食品・農産品展示エリアには、サボテンやアロエのエキスを入れたメキシ

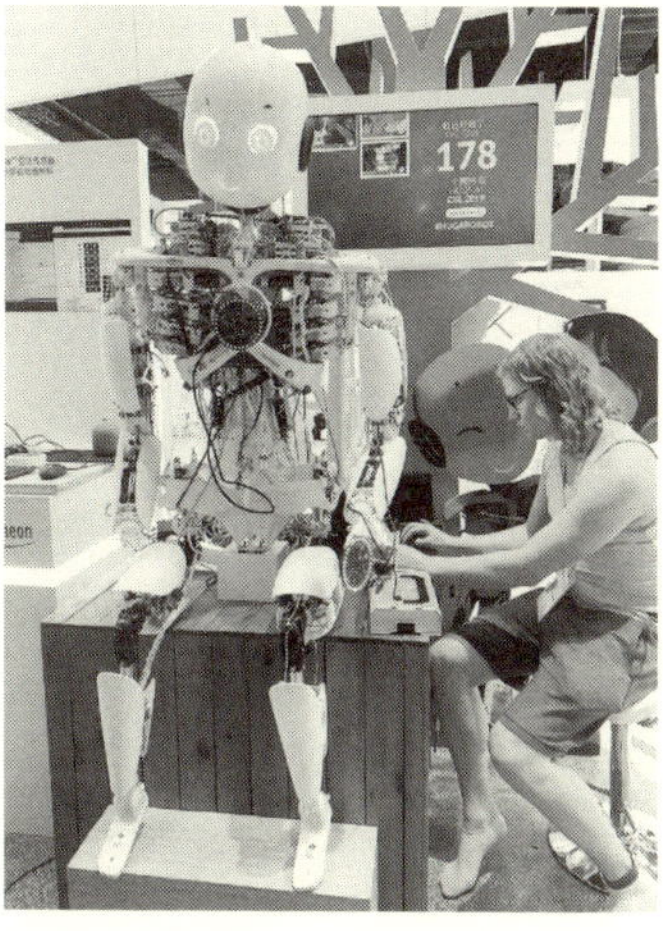

科学技術生活展示エリアの独インフィニオン・テクノロジーズ社のブースで、ロボットのRoboyを調整するスタッフ（撮影・王慧）。

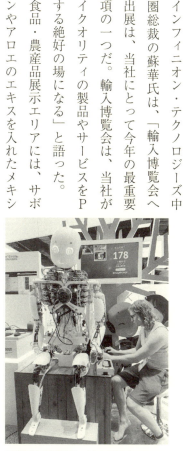

コのワイン、ポーランドの優良品種のリンゴを使ったリンゴジュース、オーストラリアの牛肉、スペインのオリーブオイルなど、世界各地の高品質の食品が並んでいる。

ポーランド投資貿易局駐中国事務所の中国エリア首席代表は、「輸入博覧会への出展は得難い機会。だから選りすぐりの物だけを出展している。各国の企業にとって、輸入博覧会は非常に魅力がある」と語った。同局はポーランドを代表する食品や化粧品の企業三十社を厳選し、出展している。

品質生活館では、美しい絨毯がたくさん並べられたブースに目を奪われた。民族衣装を着て準備に当たっていたイランのペルシャ絨毯工場マネージャーのマリーさんは、「第一回輸入博覧会は大成功で、出展した友人の多くは販売量が急増した。だから、私も今年は早くに出展を申し込んだ」と話した。

在中国マレーシア大使館の施志光公使は、「今回の輸入博覧会主賓国十五カ国の一つであるマレーシアは、『一帯一路』(the Belt and Road) イニシアティブが世界の経済協力推進の面で積極的な役割を果たすことを期待している。マレーシア国家館の設計は、『一帯一路』共同建設への支持をはっきりと表現している」と語った。

パナソニックから見た輸入博

パナソニック中国・北東アジア社社長の本間哲朗氏

「輸入博覧会は、中国政府が貿易自由化と経済グローバル化を確固として支援し、世界に市場を開放する重大措置だ。そのため、パナソニック・グループも輸入博覧会をグローバル戦略上の展示会と位置付けている。昨年の初出展の際には非常に高い効果があった。今年の輸入博覧会では、消費者に向けて我々の最良の製品をアピールし、中国で全く新しいパナソニックのブランドイメージを確立したい」。パナソニック中国・北東アジア社社長の本間哲朗氏は本紙のインタビューに応じた際、こう語った。

世界の有名電器企業であるパナソニックは、長期にわたって中国市場を重視してきた。昨年の第一回輸入博覧会では約七百平方メートルのブースを設置、今年のブース面積は一千平方メートル以上に拡大した。本間氏は、「第一回輸入博覧会では、わずか六日間で延べ五十万人がパナソニックのブースを訪れ、取引意向のあった企業が百二社に達するなど、驚くべき効果があった。

輸入博のパナソニック展示場

昨年の輸入博覧会は非常に注目され、各企業はそれぞれの特色ある製品を展示し、取引意向のあるパートナーを引きつけただけでなく、一般の人にも会社の製品をさらに理解してもらえた」と語った。

　昨年の輸入博覧会閉幕後、パナソニックはすぐに二〇一九年輸入博覧会の準備作業を開始した。「我々は新たな発展戦略を打ち出す予定だ。また、中国政府や企業、消費者と深く交流し、新たな課題の解決を探るために適切に実践を展開していきたい」と本間氏は語った。

　一九八九年一月、本間氏は初めて上海を訪れた。それ以降、中国に計百回以上出張し、今年四月から正式

輸入博のパナソニック展示場

に中国に赴任した。「三十年前と比べ、中国には天地を覆すような変化があった。市場の見通しは明るく、外資企業にはより多くのチャンスがある」と本間氏は言う。

本間氏は一貫して中国企業に学ぶべきだと主張している。その理由について本間氏は、「創業から百年が経ったパナソニックには、束縛が多い、意思決定が遅い、反応が迅速でないといった問題が存在する。世界第二の経済体である中国は、製造業大国の地位を守っていると同時に、消費大国とイノベーション大国となり、多くの優秀な民営企業が急成長している。パナソニック・グループは今年四月に中国・北東アジア社を設立し、今後中国市場の計画は中国で決定する。こうすることでさらに効率が上がる。またパナソニックとしても、中国市場でのさらなる発展を実現するために、中国の民営企業の経営モデルやコスト削減ノウハウを学ぶことができる」と語る。

「中国はビジネス環境の最適化に努力してきた。中国外商投資関連の法律法規は絶えず整備されており、外資企業にさらに多くのチャンスを創出している。第二回中国国際輸入博覧会は、世界が中国を理解し、中国が世界を理解する場であり、外資企業の中国市場参入と対中国輸出拡大を促進する上で重要な役割を果たすだろう」と本間氏は語った。

人民日報国際部

人民日報は1948年6月15日に創刊された中国最大の新聞である。現在は新聞をはじめとして雑誌、インターネット、端末、マイクロブログ、スクリーンなど10種類以上のキャリア、300以上のメディアプラットフォームに発展し、9億人以上のユーザーをカバーしたフルメディア形式の新型メディアグループとなった。そのうち国際部は、国際ニュース報道に特化した部門である。

The Duan Press

世界と共に発展していく
人民日報で読み解く 第2回中国国際輸入博覧会

2019年11月22日　初版第1刷発行
編　著　人民日報国際部
　　　　日中交流研究所
発行者　段 景子
発行所　日本僑報社
　　　　〒171-0021 東京都豊島区西池袋 3-17-15
　　　　TEL03-5956-2808　FAX03-5956-2809
　　　　info@duan.jp
　　　　http://jp.duan.jp
　　　　中国研究書店 http://duan.jp

ISBN 978-4-86185-293-0　C0036